8° Z
LE SENNE
12279

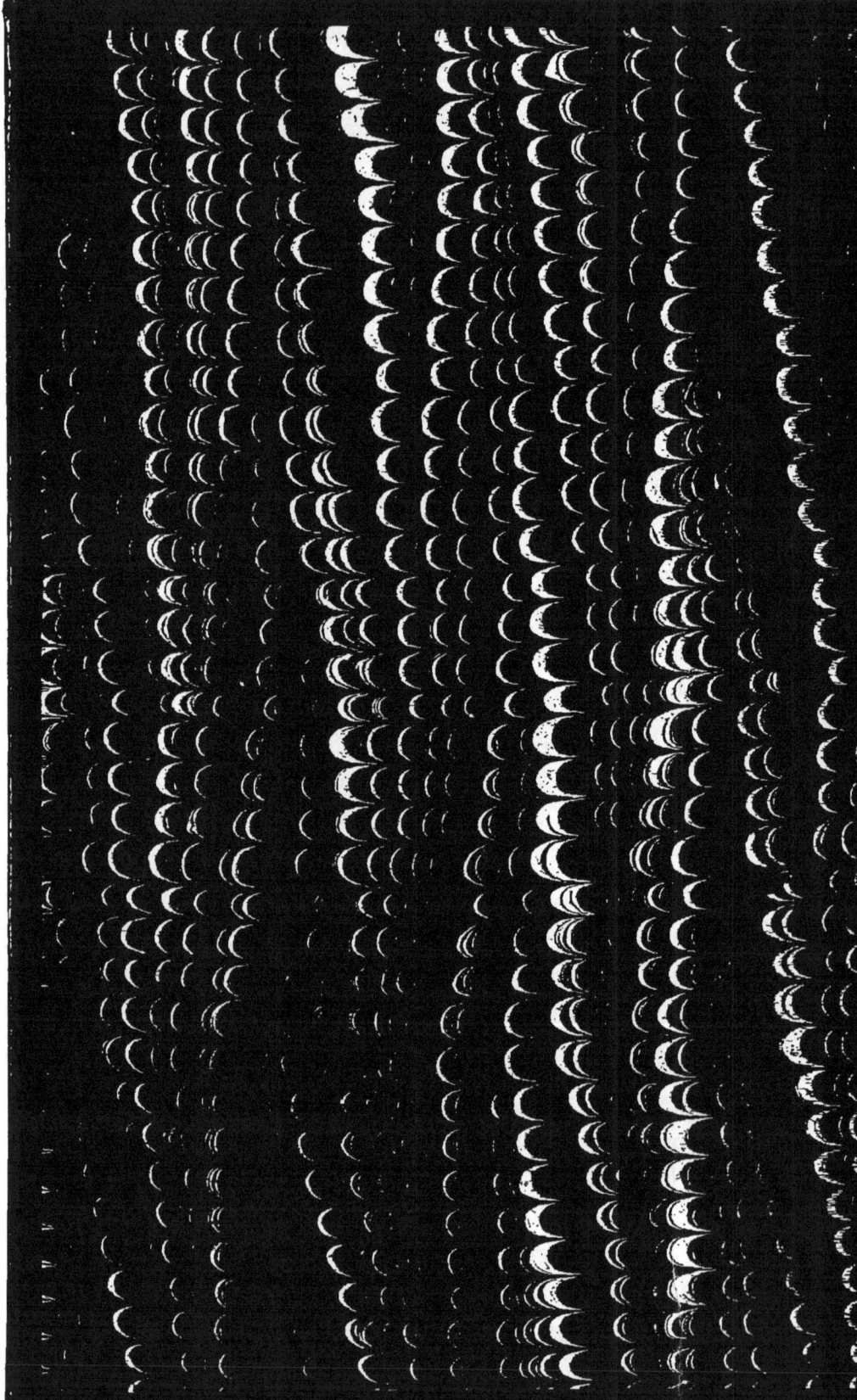

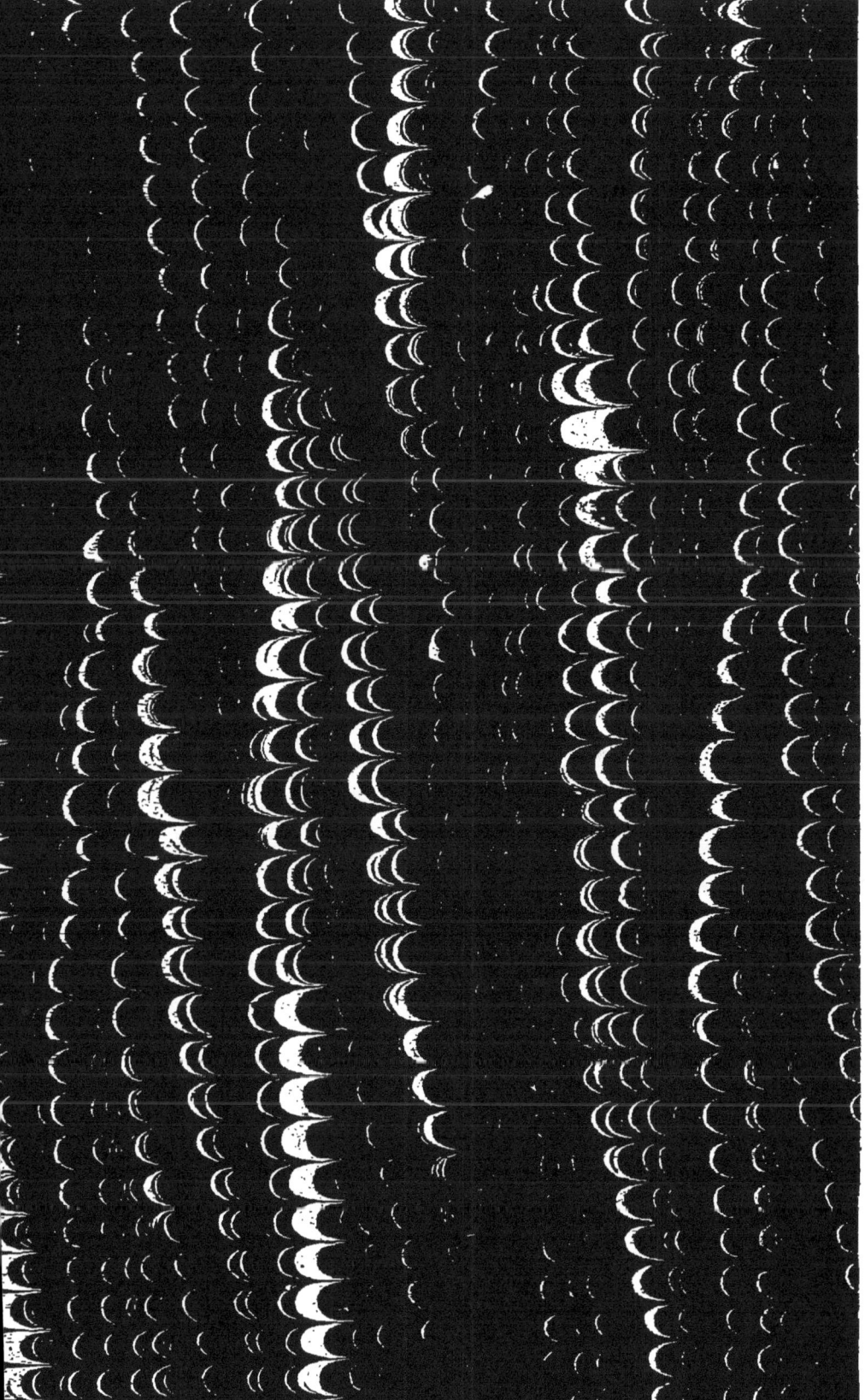

LE BAILLIAGE

DU
PALAIS ROYAL DE PARIS

PAR
CHARLES DESMAZES

Conseiller en la Cour d'appel de Paris, Officier
de la Légion d'honneur
Membre de l'Académie royale de Bruxelles et de plusieurs
autres Sociétés savantes

PARIS
LIBRAIRIES
Léon WILLEM | Paul DAFFIS
8, RUE DE VERNEUIL, 8 | 7, RUE GUÉNÉGAUD, 7

1875

COLLECTION DE DOCUMENTS

RARES OU INÉDITS

RELATIFS A L'HISTOIRE DE PARIS

LE BAILLIAGE DU PALAIS

DE PARIS

TIRÉ A 350 EXEMPLAIRES

TOUS NUMÉROTÉS

325 sur papier vergé des Vosges.
22 — chine véritable.
3 sur parchemin.

N°

LE BAILLIAGE

DU

PALAIS ROYAL DE PARIS

PAR

CHARLES DESMAZES

Conseiller en la Cour d'appel de Paris, Officier
de la Légion d'honneur
Membre de l'Académie royale de Bruxelles et de plusieurs
autres Sociétés savantes

PARIS

LIBRAIRIES :

Léon WILLEM | Paul DAFFIS
8, RUE DE VERNEUIL, 8 | 7, RUE GUÉNÉGAUD, 7

1875

PRÉFACE

En France, un principe de droit public voulait que nul ne fût soustrait à ses juges naturels ; les ordonnances royales confirment toutes cet axiome tutélaire, aujourd'hui consacré dans nos codes (1), mais d'inextricables difficultés naissaient dans l'exécution (2). La noblesse, dans les provinces, résistait aux ordres du Roi (3), les

---

1. *Le Parlement de Paris. — Le Châtelet de Paris. — Les Curiosités des anciennes justices. — Pénalités anciennes.*

2. *Une Prison d'État sous Louis XIV*, par Charles Louandre, 1874.

3. *Les Archives de la Bastille*, par F. Ravaisson.

malfaiteurs tenaient hardiment la campagne (1), l'action de la magistrature et de la police était paralysée ; des conflits interminables s'élevaient, pour la compétence, entre les justices municipales, seigneuriales, ecclésiastiques, royales, entre les Parlements, les Élections, la Cour des Aides, les Grueries, les Tables de marbre, la Maréchaussée,

1. 1416. Richard Fillesur, écuyer de la garnison de Vire, reçoit 40 sols tournois, pour avoir escorté, pendant quatre jours, les deniers de la recette de Vire, dudit lieu de Vire à Caen, pour doubte et crainte des brigands. — 1440. Simon de Beaujeu, maistre des œuvres royaux, à Nismes, y construit, par ordre du sénéchal, un pilier de pierre, pour y exécuter certaines masques homicides, vieilles sorcières condamnées à estre bruslées et arses, et des verges de fer, pour y attacher les oreilles et autres membres desdites masques. — 1517. Liste des vacabons, larrons et espieurs de chemins, condamnés par le viguier de Narbonne. — 1590. M. de Montigny, gouverneur du Blésois, enjoint aux habitants de veiller à la défense de Blois et d'en chasser les femmes dont les maris sont retirés parmi les rebelles. — 1600. Jugement du lieutenant criminel de Blois qui condamne Pierre Maillart à mort et sa nièce Gilette à estre fustigée, pour crime d'inceste. (Voir les *Pénalités anciennes*.)

les Officialités (1), les Amirautés ; on invoquait des (2) priviléges de *Committimus*. Pour vaincre ces désordres si profonds, pour triompher de cette réelle anarchie, la royauté recourait utilement à l'arbitraire. Louis XI (3),

1. N'oublions pas les Chambres de justice (qui attendent encore un historien), créées afin que les malversations des officiers comptables et des gens d'affaires ne demeurassent pas impunies (Edits de juin 1625-1716). *Vindex avaræ fraudis.* — Le Roi, disait le procureur général Denis Talon, « ne veut pas qu'il lui soit reproché « que l'on mette désormais en commerce l'im- « punité, non plus que la licence de mal faire ». (Duclos, *Mémoires secrets.* — *Mémoires* du Président Hénault.) Avant 1789, il y avait, en France, dix-sept Parlements ou Conseils souverains au-dessous desquels fonctionnaient 829 présidiaux, bailliages ou sénéchaussées. (Voir *le Parlement de Paris, le Châtelet.*)

2. L'*Histoire de l'officialité de Paris* avait été commencée sur nos indications, par le vénérable et savant abbé Lequeux, de Laon, vicaire général de Notre-Dame de Paris, grand pénitencier du diocèse de Paris, mais sa mort, survenue en 1865, a interrompu ce travail, entrepris sur les précieux documents, réunis aux Archives nationales, trop peu encore explorées.

3. Michelet, Sismondi, Henri Martin, dans leurs Histoires de France, ont éclairé d'un jour nouveau les figures et le rôle de ces souverains

Richelieu, Louis XIV, Colbert, Napoléon 1er, ces grands maîtres en l'art de gouverner, ces génies à la main de fer, à l'âme de marbre, invoquèrent souvent ces maximes qu'ils ont formulées ailleurs encore que dans leurs actes : que la nation (1) ne faisait « pas corps « en France et qu'elle résidait tout entière « dans la personne du Prince »; ou bien que : « la volonté (2) de Dieu est que tout indi-« vidu, né sujet, obéisse, sans discerne-« ment ». Les prisons, les bastilles, les lettres de cachet, les Grands Jours, les commissions extraordinaires firent hautement et partout respecter cette prétendue volonté de Dieu. Depuis Philippe le Bel (3), entouré de ses légistes, jusqu'à Louis XVI, débordé par la Révolution, on s'inclinait en tremblant (4) devant cette vieille maxime · Laissez passer la justice du Roi. Cette justice ferme et austère, le peuple aussi bien que la noblesse la récla-

1. *Le cardinal de Richelieu*, par Charles Crapelet.

2. *Mémoires de Louis XIV.*

3. *Philippe le Bel*, par Edgard Boutaric, archiviste, lauréat de l'Institut. (Plon, éditeur.)

4. Montluc parcourut la Guyenne, en faisant pendre les Huguenots aux piliers des Halles, sous prétexte qu'un pendu étonne plus que cent tués.

mait ; un cordelier disait à saint Louis avoir lu dans « la Bible, que jamais royaume ne se « perdoit que par faulte de droit, et adjou- « toit le religieux : se prenne garde le Roy « qu'il fasse bon droit et hastif à son peuple ». (Joinville, édition de Wailly.) Saint Louis a profité, toute sa vie, de ce sage conseil et il a laissé, dans l'histoire, le nom d'un grand justicier.

L'Église elle-même n'avait pas horreur du sang humain.

Le concile de Latran (1215) sanctionna tous les résultats de la sauvage croisade faite contre les hérétiques (1) du Languedoc, dévasté par la guerre, et le trouvère Sicard de Marvejols s'écriait avec tristesse

>   *Aï ! Tolosa e Provensa*
>   *E la terra d'Agensa,*
>   *Bezers e Carcassey,*
>   *Qué vos vi ! qué vos vey !*

Au XIIIe siècle, en France, la justice ordinaire, tant religieuse que civile, respectait déjà certaines formes tutélaires pour les

---

1. *La Croisade contre les Albigeois*, Paris, 1838; *Histoire et doctrine des Cathares*, par M. le professeur Schmidt, Strasbourg. — (*Recueil des Lettres du pape Innocent III.*)

accusés. Les consuls de Narbonne (1), en 1234, surent très-bien se plaindre de ce que les inquisiteurs du Saint-Office n'observèrent, à l'égard des hérétiques Albigeois, ni l'ordre des juridictions, ni les règles du droit canonique. Les préceptes les plus élémentaires de la justice étaient renversés ; dénonciateurs payés, accusateurs anonymes, condamnés admis à témoigner, questions volontairement captieuses, réponses arrachées par la torture, tout était mis en œuvre pour arriver à des condamnations, se terminant par la mort ou l'*immuration* perpétuelle dans de sombres cachots, auxquels ne suffisaient plus les carrières des Pyrénées. Des prisons partout, des bûchers partout. La première pierre de la Bastille (2) avait été posée, en 1369, par Hugues Aubriot, prévôt de Paris, pour défendre la capitale et empêcher le retour des insurrections qui, comme celle de 1357, mettraient la royauté en péril. Elle fut, jusqu'à l'heure de sa facile invasion, une

---

1. 1449. Quittance de gages délivrée par Jehan de Vinet, professeur en histoire sainte et inquisiteur dans les sénéchaussées de Carcassonne et Beaucaire (*In sacra pagina professor et inquisitor hereticæ pravitatis*).

2. *Les Archives de la Bastille*, par François Ravaisson.

redoutable et muette prison d'État. Sous Louis XIV, moins sous la Régence, mais bien plus activement sous Louis XV (1), sollicité par Mme de Pompadour et la Du Barry, des lettres de cachet étaient délivrées, signées en blanc, et négociées, moyennant vingt-cinq louis ; personne dans le royaume, agité et corrompu, n'était sûr du lendemain. On estime à 80,000 le nombre des lettres (2) de cachet, délivrées sous le ministère du cardinal Fleury. Une enfant de sept ans, soupçonnée d'être convulsionnaire, fut mise à la Bastille (3). Les grands seigneurs, les philosophes, les écrivains, les pamphlétaires, les gazetiers, les alchimistes, les empoisonneurs étaient jetés là, en attendant la punition, la clémence ou l'oubli. On était indulgent pour les méfaits, excusés par la galanterie (4).

Le chevalier de Grancey trouvant que Mlle de Nonant lui convenait, sous tous les

---

1. Voir la *Correspondance diplomatique de Louis XV,* par M. Ed. Boutaric. (Plon, éditeur.)

2. Mirabeau, *Lettres de cachet et prison d'État.*

3. *Les petits Sorciers en Normandie,* par Gosselin, archiviste, à Rouen.

4. *Les Archives de la Bastille,* par François Ravaisson, 1866-1873. 6 volumes in-8.

rapports, pour en faire sa femme, l'enleva de vive force, avec sa mère, et la conduisit en Normandie, dans le château de son père, pour y conclure le mariage.

La famille porta plainte; un exempt des gardes fut envoyé, pour réclamer les deux femmes, mais le marquis refusa de les rendre et, pour se montrer encore, malgré son refus, sujet fidèle, il alla se constituer volontairement prisonnier à la Bastille. Cet acte de soumission envers l'autorité royale, le crédit de la famille aidant, fut récompensé par des lettres (1) de grâce.

Nous sommes aujourd'hui bien loin de ces sombres époques si douloureuses, si profondément troublées au fond, bien que la surface parût élégante et heureuse. C'est donc en jetant les yeux en arrière que l'on peut se rendre compte de toute la distance parcourue, de tout le progrès réalisé. Aussi les étrangers, dont le sens est bien autrement pratique, bien moins mobile que le nôtre, ont-ils à l'envi adopté nos lois, qu'il est, à cause de leur perfection et de leur unité même, impossible de modifier par parties. Toutes les modifications, tentées isolément, ont été boiteuses,

---

1. *Pénalités anciennes* (supplices, prisons et grâces).

incohérentes (1), stériles, et il faut maintenant revenir à ce que l'on avait (2), avec une trop soudaine précipitation, cru changer heureusement. Aussi, l'histoire de nos anciennes institutions judiciaires, comparées à celles dont nous jouissons, est-elle une source abondante d'exemples (3), d'enseignements et de consolations. Il faut rendre inviolable et sacré l'arsenal de nos lois et nous inspirer tous, magistrats et justiciables, des sages remontrances, vraies encore aujourd'hui, que Jehan Gerson adressait respectueusement,

1. Telles sont les réformes prétendues apportées par l'article 1781 du Code Napoléon modifié et par les articles du Code pénal 414, 415, 416, remplacés par la loi du 25 mai 1864.

2. De Tocqueville, *l'Ancien Régime et la Révolution.* — Duvergier de Hauranne, *Histoire du Gouvernement parlementaire.*

3. 16 décembre 1715. Arrêt de la Cour des Aydes qui défend aux officiers des élections, greniers à sel, juges des traites, dépôts de sels et autres ressortissants en ladite Cour, d'assister aux audiences, n'y faire aulcunes fonctions, autrement qu'en robe et bonnet carré, et ailleurs qu'au bureau de leur juridiction. — La tenue sévère des magistrats a une influence qu'on n'observe plus guère aujourd'hui, ni dans leur habillement, ni dans leur costume, et qui a cependant sa sérieuse raison d'être observée.

en 1405, au Roi Charles VI, sur l'état du royaume de France :

« Dieu veuille que la justice soit toujours
« conservée, sans être enfreinte pour le
« grand ne pour le petit, car autrement se
« vérifieroit ledict d'Anastase, le philosophe,
« que les lois ou arrêts des juges sont comme
« les toiles d'araignée, qui retiennent les
« petites mouches et laissent aller les gros-
« ses. »

Vendeuil (Aisne). Octobre 1874.

LE BAILLIAGE

DU

PALAIS ROYAL DE PARIS

I

JURIDICTIONS RENFERMÉES DANS L'ANCIEN PALAIS ROYAL OU PALAIS DE JUSTICE DE PARIS.

Nous n'avons pas à écrire ici l'histoire du Grand Parlement de Paris, dont nous avons ailleurs retracé les annales (1), mais à parler des autres juridictions qui vivaient, comme à son ombre.

---

1. *Le Parlement de Paris*, 1860. Cosse, éditeur, Paris.

D'abord, le *Parquet des gens du roi près le Parlement* (1); la *Grande et la Petite Chancellerie ;* les *Maîtres des Requêtes de l'hôtel* (2), gens du Conseil, qui suivaient la Cour et recevaient les Requêtes présentées au Roi, puis en faisaient rapport (Ordonnance de 1318); la *Chambre du Trésor,* (30 novembre 1405, 9 mai 1404, 1407); la *Chambre des eaux et forêts ou Table de marbre* (Ordonnances de 1291, 1326, 9 février 1387); la *Connétablie ou Maréchaussée de France* (Ordonnance du 8 juillet 1563, 1573); l'*Amirauté de France* (février 1543); la *Chambre des Comptes* (3) (Ordonnances de 1319, 1375, 1408, 1460, 1464); les *Trésoriers de France* (1303); la *Cour des Aides* (Ordonnances de 1382,

---

1. *Le Parlement et les autres juridictions, encloses dans l'ancien Palais Royal de Paris,* par Pierre de Miraulmont, conseiller du Roy, en la Chambre du Thrésor. (A Paris, Abel Langelier, au 1ᵉʳ pilier de la grande salle du Palais, 1834.)

2. On les nommait aussi juges de la porte de l'hôtel du Roy.

3. Voir, sur la Cour des Comptes, les beaux travaux de M. l'archiviste Boilisle, lauréat de l'Institut, 1874.

1387, 1388); les *Élus* étaient choisis, en chaque diocèse et évêché, pour faire les levées et recettes des deniers (1) (9 février 1387) ; enfin, la *Chambre des monnaies* (Ordonnances de 1295, de 1350, de 1361).

La Cour le Roy ou Cour du Roi était la Cour du Palais (2) et la rue, devant la Cour du Roi, était la partie septentrionale de la

1. Tarif des droits de sceau et des taxes des lettres, qui se scellent ès chancellerie, près les Cours de Parlement, Chambre de l'Edit, Cour des Comptes et Finances, Cour des Aydes et autres Cours supérieures du Royaume, fait au mois d'avril 1872 (*Catalogue de Joursenvault*, t. I, page 68). La Cour des Aydes, aujourd'hui complétement oubliée, a été, sous l'ancien régime, le plus fier, le plus indépendant des grands corps de l'État. Elle n'a point, comme les Parlements, porté un esprit étroit et turbulent dans ses remontrances, et son histoire, — encore à retracer, — mérite, à tous égards, l'attention des hommes politiques et des érudits. — Dans les célèbres remontrances de 1770, la Cour des Aydes disait : que nul n'était assez grand pour être à l'abri de la haine d'un ministre, ni assez petit pour n'être pas digne de celle d'un commis des Fermes.

2. Boutaric (Edgar), *Recherches sur le Palais de Justice de Paris*.

rue de la Barillerie, vers le Pont au Change. Cette extrémité, qui passait entre le Palais et l'église Saint-Barthélemy, fut longtemps appelée rue Saint-Barthélemy ; le boulevard du Palais a absorbé la rue de la Barillerie tout entière (1).

Indépendamment des grands et des petits Bailliages du royaume, il y avait encore à Paris, outre le *Bailliage du Palais,* qui fait l'objet de la présente étude, le *Bailliage de Paris* qui était chargé de la conservation des priviléges royaux de l'Université de Paris. En 1526, il fut réuni à la Prévôté du Châtelet de Paris (2), qui siégeait sur la rive droite de la Seine (3) et était aussi un Bailliage royal.

Le *Bailliage de la Duché-Pairie de l'Archevêché* siégeait à Paris, près de l'Auditoire de l'officialité.

1. Voir les anciens plans de Paris et les travaux historiques, commencés sous le haut et fécond patronage de M. le préfet Haussmann.

2. *Le Châtelet de Paris.* (Didier, éditeur, à Paris.)

3. Le Prévôt de Paris siégeait sous un dais fleurdelysé, pour montrer qu'il était un bailli royal.

Le *Bailliage de l'arsenal de l'artillerie de France* siégeait dans l'enclos de l'Arsenal ; il se composait d'un bailli d'épée, d'un lieutenant général de robe longue et d'autres officiers. Il connaissait des causes civiles et criminelles dans l'enclos de l'Arsenal.

Le *Bailliage et capitainerie des chasses du Louvre, grande vénerie et fauconnerie de France,* siégeait au Louvre et connaissait des délits de chasse, concurremment avec la capitainerie de la Varenne, des Tuileries et de Vincennes, siégeant à Belair, près Saint-Mandé.

Il y avait encore : le *Bailliage du Temple,* siégeant à Paris, dans l'enclos du Temple, sous la direction du bailli général du grand Prieuré de France ; le *Bailliage de Saint-Jean-de-Latran ;* le *Bailliage de l'Abbaye royale de Saint-Germain-des-Prés ;* le *Bailliage de Saint-Martin-des-Champs ;* le *Bailliage de l'abbaye de Sainte-Geneviève ;* le *Bailliage de la Barre de Notre-Dame de Paris.*

Plusieurs grands bénéfices de l'ordre de Malte portaient aussi le titre de *Bailliages.* Le *Bailliage de Lyon,* pour le grand prieuré d'Auvergne, le *Bailliage de Manosque,* pour la Provence et le prieuré de Saint-Gilles ; le *Bailliage de la Morée ou de Saint-Jean-de-Latran, à Paris,* de la langue et du grand Prieuré de France (1).

1. *Archives nationales* (Section judiciaire X). — Henri Bordier, *les Archives de l'Empire*, 1855. — Ludovic Lalanne, *Dictionnaire historique de la France*, 1872. — Combier, *Bailliage de Vermandois.*

II

LE PALAIS DE JUSTICE DE PARIS.

L'origine du Palais de Justice de Paris est, par quelques auteurs, reculée jusqu'à la domination romaine. Il fut successivement agrandi, réparé, rebâti par les maires, sous les rois de la première race, et fortifié par Eudes. Hugues-Capet y habita, après avoir quitté le Palais des Thermes. Robert, son fils, le fit reconstruire ; saint Louis l'augmenta considérablement (1). Reconstruit presque entière-

---

1. Nos souverains, jusqu'à Charles V, vinrent y habiter et y mourir. En 1370, Charles V quitta cette royale demeure, flanquée plus tard des tours de l'Horloge, de la tour d'Argent, de la tour de Montgomery et de la plus petite, la

ment sous Philippe IV le Bel, il fut augmenté par Charles VIII, Louis XI et Louis XII.

Les deux tours, sur le quai de l'Horloge, sont un reste de l'édifice du temps de Charles V. Dans ce temps-là, le jardin occupait l'espace où sont aujourd'hui la cour Neuve et la cour Lamoignon : il s'étendait jusqu'au petit bras de la rivière, qui séparait l'île du Palais de l'île Gourdaine. C'est à cet endroit que fut, depuis, bâtie la rue du Harlay. Saint Louis accorda plusieurs pièces de son Palais au Parlement, qui y fut fixé enfin par Philippe le Bel.

Les incendies de 1618 et 1776 détruisirent le Palais de Justice, dont une construction plus régulière accorda les parties jusque-là incohérentes, en augmentant l'importance du Palais. Dans le même plan,

tour Bonbec, pour aller, sous la protection de la Bastille, s'installer dans l'Hôtel Saint-Pol et le Palais des Tournelles. (Voir une exacte description du Palais de Justice, par Honoré de Balzac, le profond romancier, dans ses *Grandeurs et Misères des Courtisanes*, IIIme livre, 3me partie, 1846.)

fut tracé l'alignement des rues adjacentes et de la place au-devant du Palais (1).

(*Saint-Victor*, t. I, p. 69.)

Le Parlement de Paris siégea, le plus souvent, en cette ville, dans le Palais que lui avait donné saint Louis, et la tournelle criminelle a conservé ce nom à sa salle *(salle Saint-Louis)* (2).

Le Parlement s'assembla plusieurs fois hors Paris, en 1309, en 1314 ; ce ne fut que vers 1322 qu'il devint sédentaire dans la capitale, d'où la guerre et la peste l'obligèrent plusieurs fois de se retirer.

Le Palais de Justice, qui servait au Parlement pour ses séances, et qui est placé dans la Cité, île formée par la Seine, a été bâti au temps de Clovis. Il fut,

1. Voir, sur le Palais de Justice de Paris (dont les principaux architectes de notre temps, les Lassus, les Viollet-le-Duc, les Dauban, les Baltard, Domet, Bœsvilwuld, Duc, ont préparé, étudié, achevé les plans et les réparations), les ouvrages de MM. Sauvan et Schmidt, de M. Rittiez, de M. l'archiviste Boutaric et de M. Georges Guiffrey.

2. Voir le curieux discours de rentrée prononcé par M. le premier avocat général de Marnas, devant la Cour de cassation, 1857

dans l'origine, affecté à la demeure des rois, d'où il a conservé le nom de Palais. Le Parlement de Paris occupait tout l'emplacement où se trouvent, aujourd'hui, le Palais de Justice et la Conciergerie. Ce Palais reçut des agrandissements successifs : la Grand'Chambre était, par sa richesse, digne de l'assemblée qu'elle recevait.

Par lettres du 29 novembre 1370, Charles V accorde « à ses clercs, secrétaires et notaires, une chambre assise au coing de la Grand'Salle du Palais, du côté du grand pont, pour eux y assembler et parler de leurs besognes ». (*Ord.*, t. V, p. 370, 579, 580.)

La salle de la Grand'Chambre construite par saint Louis formait, avec les bâtiments de la Conciergerie, le petit Palais (1). Chambre du Roi à l'origine, puis du Dauphin, si l'on en croit Froissart (2), le trône y est bientôt placé :

---

1. Piganiol de Laforce, *Description de Paris*, t. I, p. 582. — Corrozet, *Antiquités de Paris*, p. 104. — Brice, *Description de Paris*, t. II, p. 363. — Forni, *la Grand'Chambre*.

2. Duchesne, *Antiquités de Paris*, p. 138. —

Louis IX y reçoit les ambassadeurs, y donne des audiences publiques et distribue la justice à ses sujets. En 1302, le petit-fils de saint Louis rend le Parlement sédentaire, mais ne lui donne pas « tribunal au prétoire certain ». Louis X pourvoit à ce soin, et assigne au Parlement « lieu ou Palais, ancien séjour et demeure des rois » (1).

Ce n'est plus la modeste résidence de « Mr. saint Louis », mais bien « un palais royal tellement bâti, qu'en édifice et singularité d'architecture, il est encore aujourd'hui censé et réputé l'une des plus belles besongnes qui soient au monde » (2). C'est à Philippe le Bel que l'on doit ces merveilles. En montant sur le trône, il « avait trouvé le royaume si opulent, qu'il fit édifier de très somptueuses et magnifiques ouvrages : le grand Palais royal, près de la Sainte-Chapelle et du petit

---

Louis d'Orléans, *Ouverture des Parlements*, p. 275.

1. Miraulmont, p. 9.— Laroche-Flavin, p. 6. — *Annales de Paris*, p. 63. — Corrozet, p. 98.

2. *Antiquités de Paris*, p. 135. — Louis d'Orléans, p. 274.

Palais, dit la salle Saint-Louis. Enguerrand de Marigny, général des finances, conduisait l'œuvre et architecture » (1). Enguerrand fit placer sa statue au-dessous de celle du roi. Après la mort de ce ministre, « arrivée par sentence du juge », cette représentation fut abattue (2).

Sous Philippe le Long, une seconde Chambre devint nécessaire : elle fut créée et prit le nom de *Chambre des enquêtes.* Pour la distinguer de celle-ci, l'ancienne Chambre s'appelle *Chambre des plaidoiries;* la *Grande Voûte* (de la hardiesse de ses arceaux); la *Chambre dorée,* depuis que Louis XII en a fait dorer le plafond avec de l'or des ducats de Hollande; enfin la *Grand'Chambre* (et c'est là le nom qui a prévalu) (3).

Mandement de Charles VII pour fermer et sceller les chambres et greffes du Par-

---

1. Corrozet, p. 93, 104.
2. *Ibid.*, p. 98.
3. Miraulmont, p. 17.—Laroche-Flavin, p.23. — Duchesne, *Antiquités de Paris*, p. 140.— *Encyclopédie*, aux mots : PARLEMENT et CHAMBRE DORÉE.—Merlin, *Répertoire*, aux mots : GRAND'-CHAMBRE et CHAMBRE DORÉE, *plaidoyer.*

lement, la Chambre des chartes de la Sainte-Chapelle, parce que la ville de Paris est mise et réduite en l'obéissance du roy, après avoir longtemps esté es mains des Anglais, 15 mai 1436, Bourges. (*Ord.*, t. XIII, p. 218.) La Grand'Chambre est « lambrissée de culs-de-lampe dorés et « vermillonnés avec un artifice singulier. « Le plafond, de bois de chêne, est tout « entrelacé d'ogives qui ne sont ni ovales, « ni de plein ceintre, mais qui tiennent « des unes et des autres, et se terminent « en culs-de-lampe. Ce ne sont que pla- « cages ; le plus gros des ais ne porte pas « plus d'un pouce et demi, le plus fort des « pendentifs n'en a pas quatre ; et, toute- « fois, les culs-de-lampe avancent de plus « d'un pied en saillie. Le tout ensemble « est jonché de bas-reliefs, fort délicate- « ment répandus, avec tant d'art qu'ils « couvrent les joints des ais et du placage, « si bien qu'il semble que chaque ogive « soit taillée dans un seul ais » (1). Le

---

1. Laroche-Flavin, p. 300. — Sauval, t. II, p. 3 et 4. — Corrozet, p. 118. — Lemaire, *Paris ancien*, t. II, p. 33. — Duchesne, p. 139 et 140.

« barreau, non moins remarqué, est, ainsi
« que les lanternes, chargé de petites
« figures, qui représentent les habits tant
« des présidents et conseillers, que des
« avocats et procureurs des siècles passés ;
« ce que les curieux considèrent particu-
« lièrement, parce que ces vêtements ne
« ressemblent aucunement à ceux d'au-
« jourd'hui » (1).

« On pénètre sous ces voûtes par une
« salle qui passe pour l'une des plus
« grandes et des plus superbes du monde.
« Elle est pavée de marbre blanc et non
« lambrissée et voultée de bois, accom-
« pagnée dans le milieu de piliers de
« même, tout rehaussés d'or et d'azur, et
« remplie de statues de nos rois repré-
« sentés, de sorte que pour les distin-
« guer, ceux qui avaient été malheureux
« ou fainéants avaient les mains basses ;
« les braves et les conquérants avaient
« les mains hautes » (2). La porte d'entrée était surmontée d'un lion sculpté, à
genoux, la tête basse, dans la plus humble

1. *Locis citatis.*
2. Sauval, t. II, p. 3 et 4.

attitude (1). C'est dans l'enceinte de la Grand'Chambre que le souverain a eu et garde son trône (2), que se développent les pompes souvent retracées des lits de justice (3), que sont prononcées les mercuriales, célébrées les ouvertures et les rentrées du Parlement (4). C'est à la porte de la Grand'Chambre que l'on publie, après leur enregistrement, les ordonnances et les édits royaux (5).

Vers l'époque de saint Louis, le vestibule du Palais avait été employé (6) pour

---

1. Sauval, t. II, *ibid*.

2. Laroche-Flavin, p. 283. — Duchesne, p. 137.

3. Laroche-Flavin, p. 384. — Merlin, *Répertoire*, au mot : LIT DE JUSTICE.

4. Laroche-Flavin, p. 283 et suiv., 319 et 641.

5. *Encyclopédie*, au mot : GRAND' CHAMBRE.

6. Dans l'ordonnance que Philippe de Valois rendit contre les usuriers, le 21 janvier 1830 (*Ord.*, t. II, p. 59-60), il dit :

« Laquelle ordonnance, faicte et publiée en
« nostre palais, à Paris, là où toutes manières
« de gens et de toutes les parties du monde
« viennent, les uns pour apprendre et demander

tenir la justice des *plaids de la porte.* Louis X, nommé le Hutin, fils de Philippe le Bel (1314-1316), l'abandonna complétement à cet usage, auquel il sert encore. Il a une très-vaste antichambre nommée aussi la grand'salle ; elle servait autrefois aux grandes solennités, lorsque les rois y demeuraient. C'est là que les

« droit, les autres pour veoir l'estat de gou-
« verner justice, dont plusieurs diverses par-
« ties du royaume ne demeurent guaires, sans se
« traisner devant notre conseil, etc. »

Par un écrit de janvier 1358 (*Ord.*, t. III, p. 310), le roi Jean II confirme au concierge du Palais, alors (nostre ami et féal escuyer Philippe de Savoisy), tous les priviléges et franchises dont lui et ses prédécesseurs jouissaient ou avaient joui. L'art. 1er lui donne moyenne et basse justice audit palais et dedans le pourprés et appartement d'iceluy palais. Lui ou son lieutenant devait (art. 2) juger, sans distinction de rang des coupables, tous les crimes et délits commis en dedans de l'enceinte et des dépendances du palais. Il avait aussi (*ib.* art.) l'inspection sur toutes les boutiques établies dans le palais et dans les galeries du palais, et il connaissait de tous les contrats, ventes, etc., conclus dans le palais et dans la circonscription. Nul autre que lui ne pouvait là-dessus juger ou

envoyés étrangers étaient reçus et que l'on fêtait les noces des enfants de France. Actuellement les avocats ont l'habitude de se promener dans cette salle des Pas-Perdus, et de conférer entre eux ou avec les parties. De cette grande salle, on arrive dans la grand'chambre bâtie par saint Louis; elle a reçu de Louis XII la

exercer une compétence temporelle, excepté les gens des comptes de monseigneur et les nôtres (de Charles V, fils du roi régent, et du duc de Normandie), de Parlement et des requestes de Palais, ou aucuns commissaires députez par eux, ou aucuns d'eux et aussi exceptés les maistres de l'hostel de mondit seigneur et les nostres, tant que mondit seigneur et nous serons audit palais. Ainsi, il paraît que le roi demeurait alors quelquefois dans le Palais de Justice. L'écrit même est cependant daté du Louvre (Faict et donné au Louvre lès Paris). Il y a, après l'art. 10 : « Nous considérons ledit palais « royal estre et avoir esté le principal hostel de « nostre très-cher seigneur et père, et des roys de « France, ses prédécesseurs et les nostres, etc. » La place de concierge du Palais subsista jusqu'à la Révolution ; il était nommé bailli du Palais ; sa compétence s'étendait ainsi seulement à la circonscription du Palais de Justice. (V. *Encyclopédie*, art. : CONCIERGE DU PALAIS.)

forme et l'aspect actuels ; saint Louis y donna des audiences publiques. La salle où, plus tard, la section criminelle du Parlement tint ses séances (la Tournelle), était la chambre à coucher de saint Louis, où il coucha le jour de son mariage. Par un terrible revirement du destin, la Grand'-Chambre, d'où les oracles de la sagesse judiciaire se répandaient par la France, devait plus tard servir de salle d'audience au Tribunal révolutionnaire. Elle fut plus tard rendue à son ancienne destination, car elle fut employée aux séances de la Cour de Cassation. Par le décret de l'Assemblée constituante du 13 mars 1791, la grand'chambre du Parlement fut cédée à la Cour de Cassation, qui y fut installée le 20 avril de la même année. (Desenne, t. III, p. 126.) Plus tard, le Tribunal révolutionnaire y tint ses séances, mais le décret du 6 messidor an III la rendit à la Cour de Cassation.

Au-dessus de la Grand'Chambre, se trouvaient les Archives où étaient conservés les chartes et les registres. Sous les voûtes du Palais de Justice sont les prisons de la Conciergerie, où sont gardés les accusés de crimes justiciables de la Cour d'Assises (1). La reine Marie-Antoinette fut

1. Dans l'écrit de Jean II, qui a été cité cidevant, on trouve à l'art. 2 : « Et a et doit (le « concierge du Palais) avoir prisons et ceps au « dit Palais, pour y mettre et tenir les malfai- « teurs qui se meffont ès lieux dessus dits. »

Quand le Roi se rendait au Palais de Justice, on remettait à ses officiers les clefs de la Conciergerie ; les postes étaient relevés par les troupes royales.

La juridiction du concierge du Palais s'exerçait sur une vaste étendue.

Voici comment s'exprime la déclaration octroyée au sire de Savoisy :

« Le dit concierge, à cause de ladite conciergerie, a, prend, peult et doibt prendre, exercer et percevoir, seul et pour le tout, pour lui et ses officiers audict Palais et dedans le pourpriz et appartenances d'iceluy Palais, tout ainsi comme il se comporte et estend de toutes parts, jusqu'à la rivière de Seine d'un costé et d'autre, et pardevant, depuis le ruissel ou goulet qui est au bout du Grand Pont ; ainsy, comme ledict Palais se comporte du costé d'iceluy tout en hostels, comme en avens et au dessoulz d'iceux, jusques à la rivière pardevant Saint-Michel et aussi en retournant en la rue de la Calende, et ès hostels d'icelle rue, aussi comme elle se comporte, jusques à la ruelle que l'on dit Orberie, et descendant par icelle, pardessus ladicte

détenue dans cette prison, d'où elle ne sortit (le 16 octobre 1793) que pour monter sur l'échafaud. Après le retour de la famille des Bourbons, la chambre de cette reine a été convertie en *Chapelle expiatoire.*

Dans la Cité, on trouvait : la rue de la Calendre, de la Barillerie (plan de Lacaille, 1714), la rue Sainte-Anne, devenue rue Boileau (décret du 9 avril 1851),

rivière, tout comme il y a terre seiche tout autour dudict Palais, ainsi comme il se comporte du costé des Augustins et d'autre part, vers le Chastelet de Paris, jusques au Grand Pont et goulet haut et bas, toute justice, juridiction et seigneurie moyenne et basse, en tout cas, et excepté l'exécution des cas criminels, pour lesquels il conviendra de faire exécutions corporelles, auquel cas ledict concierge ou les gens gardant et exerçant sa justice sont tenus de rendre le malfaiteur tout jugé, s'il est lay, au prévôt de Paris, dehors la porte dudict Palais, sur la chaussée, pour en faire exécution, en retenant les meubles du malfaiteur, si aucuns en sont trouvés sur lui : et s'il est clerc ou prêtre, le rendre à l'official de Paris ou autres, ses juges ordinaires chargés de ses meffaits (*). »

* M. George Guiffrey, *l'Ancien Palais de Justice, la Conciergerie.*

la court et place de dedans le Palais, la rue du Quay de l'Isle du Palais, quai des Orfévres regardant vers les Augustins situés sur le quai opposé, la rue du Harlay, la place Dauphine, la rue du Quay de l'Isle du Palais, du côté de la Megisserie, aujourd'hui quai de l'Horloge, de la Huchette (1).

La Tour de l'Horloge a été récemment restaurée par MM. Duc et Pommey, architectes du Palais.

Le premier président du Parlement habitait, au fond de la rue de Jérusalem, un hôtel, qui avait autrefois servi de demeure au bailli du Palais (2).

Le monument, élevé dans la salle des Pas-Perdus à la mémoire du vertueux Malesherbes (3), a été sculpté par Bosio et Cortot. — Le roi Louis XVIII voulut

1. *Estat, noms et nombre de toutes les rues de Paris*, en 1636, par Alfred Franklin. (Paris, 1873, Willem, éditeur.)

2. *Itinéraire archéologique de Paris,* par M. de Guilhermy. (Paris, Bauce, 1855.)

3. Ce monument a été défendu contre l'émeute, en 1830, par l'énergique attitude du jeune avocat Hortensius Saint-Albin, depuis devenu conseiller et doyen de la Cour de Paris.

acquitter une dette de reconnaissance envers l'ami, le conseiller et le défenseur de Louis XVI, en composant lui-même l'inscription latine inscrite sur le soubassement du monument.

Une inscription gothique constatait qu'un des bâtimens de la Cour des Comptes avait été construit, en 1486, par les maîtres correcteurs des comptes, Pierre Jouvelin, Nicolas Viole. Nous la reproduisons ici :

L'an Mil CCCC IIII^{xx} et VI
Par Messrs du Grant Bureau
Fut ordonné de cens rassis
Faire ce corps d'ostel nouveau
Qui fut divisé ainsi beau
Par les correcteurs de céans
Lesquels y plantèrent leur sceau
Comme gens en ce lieu séans.
L'un d'eux fut nommé Maistre Pierre
Et l'autre ot nom Maistre Nicole,
Leurs surnoms, qui eu veult en querre,
C'estoit : Jouvelin et Viole ;
Ils firent si bon contrôle
Prenant garde sur les ouvriers,
Que tout fût fait, bien m'en recole,
En moins d'un an et demi entiers

Dans la première chambre de la Cour d'Appel de Paris, se trouve un bon tableau, dû au pinceau de Jean Van Eyck de Bruges. Au centre, le Christ est sur la Croix; à sa droite, la sainte Vierge, soutenue par deux femmes, puis saint Jean-Baptiste et saint Louis; à gauche, saint Jean l'Évangéliste, saint Denis, saint Charlemagne; au-dessus, le Saint-Esprit et le Père Éternel, entouré d'Anges. Dans le fond, plusieurs groupes de personnages, la ville de Jérusalem, la tour de Nesle, le Louvre flanqué de son donjon et les bâtiments du Palais de Justice (1).

La Grand'Chambre (2), ou Chambre des plaids, est une des constructions de saint Louis dans le Palais. Elle fut nommée Chambre Dorée depuis que Louis XII la fit réparer : les voûtes en étaient en bois, ainsi que les piliers : entre les espaces s'élevaient les statues des Rois de France.

---

1. De Guilhermy, *Itinéraire archéologique de Paris.* (Bauce, éditeur, 1855.)

2. M. de Marnas, avocat général près la Cour de cassation : *Discours de rentrée,* prononcé le 3 novembre 1857.

Le Tribunal révolutionnaire y tint ses séances. Détruite par un incendie (1618), cette salle, reconstruite alors par Desbrosses, fut réparée, en 1817, par Saint-Louis de Peyre. (*Saint-Victor,* t. I, p. 75 et suiv.)

Le principal corps de logis du Palais (1) de Justice et la tour qui est au-devant furent bâtis après l'incendie du Palais de Justice (1776). La direction des bâtiments fut confiée aux architectes Moreau, Desmaisons, Couture et Antoine (2). (*Saint-Victor*, t. I, p. 75.)

Au Palais de Justice était la Chambre des seigneurs des Comptes, des Trésoriers, des Receveurs, du Concierge et autres officiers du Bailliage du Palais. La Chambre des Comptes était installée au-dessus du bâtiment du Parlement, qui avait vue sur la Sainte-Chapelle et le jardin du Bailliage du Palais. (Voir l'ordonnance de

---

1. Bibliothèque nationale de Paris. (Département des manuscrits, S. F. 5097-4310-4312.)

2. Berriat-Saint-Prix, *les Tribunaux révolutionnaires.*

1358, passée par le Conseil, *In Camerâ compotorum ad galathas.)*

Notre Palais de Justice, demeure de nos Rois, siége des juridictions souveraines, plus tard asile du Tribunal révolutionnaire, enfin réunion auguste de la Cour de Cassation, de la Cour d'Appel, du Tribunal de première instance de la Seine, du Tribunal de simple police et des Parquets de ces diverses juridictions, a été incendié par la hideuse Commune (mai 1871).

Aujourd'hui, on a provisoirement relevé les ruines, réparé ce qui était encore réparable, et on va placer la première Chambre du tribunal civil de la Seine, dans le local de la Grand'Chambre du Parlement (1), où siégeait aussi la Cour de Cassation. Au-dessous est établie la Conciergerie, servant de maison de justice, pour les accusés renvoyés devant les Assises de la Seine (2).

La salle des Pas-Perdus a une longueur

---

1. Affiche annonçant l'adjudication des travaux à effectuer pour opérer cette construction, et les devis y relatifs (août 1874).

2. Par une singulière disposition, les femmes prévenues, accusées, condamnées à moins d'une

totale de 76 mètres et une largeur de 29. Des crédits importants ont été, sous la Restauration, sous la monarchie de Juillet et sous l'Empire, votés pour les travaux, sans fin, du Palais de Justice ; en 1860, on a voté 1,802,147 francs 62 centimes. La ville de Paris voulait faire de ce Palais, qui sera toujours incommode, parce qu'on y a sacrifié l'utilité des services à la décoration extérieure, un des plus magnifiques monuments du monde (1). Que le ciel protège enfin ce temple, ouvert à la recherche de la vérité. — *Ubi veritas, ibi Deus est.*

année, sont toutes réunies dans la prison de Saint-Lazare où un quartier séparé est affecté aux filles publiques, détenues pour cause de maladie ou de correction. (*Pénalités anciennes.*) — M. Ducamp, *Paris et ses organes.*

1. Le local affecté au petit parquet est insalubre, obscur ; y viennent, en moyenne, défiler quatre-vingts individus, arrêtés et déposés par chaque jour, dans les postes de police de Paris. — Des substituts et des juges d'instruction y siégent, en permanence, sans trêve, même les jours fériés ; ce qui est une exagération, que l'Angleterre même n'admet pas. On devrait y inscrire cette devise : *Lasciate ogni speranza, voi ch' intrate.* (DANTE, *Enfer.*)

III

LE BAILLIAGE DU PALAIS (1).

Le bailliage du Palais à Paris était composé d'un bailli d'épée, d'un lieutenant général, d'un procureur du roi, d'un greffier et de plusieurs huissiers. Il connaissait des causes civiles et criminelles dans l'étendue du ressort

---

1. Les Maîtres des requêtes, sous les règnes des roys Saint Loys, Philippe le Bel et Louis X le Hutin, connus sous les noms différents de Juges de la Porte, suivants ou Clercs des requêtes. La première notice est celle de Jean, comte de Soissons, dit le Bon, et la dernière, celle de Pierre de Mauvoisin et de Rosay. (*Catalogue de Joursenvault,* t. I, p. 65.)

qui lui était tracé. (Ordonnances de Charles VIII, 1493, de Blois 1498, de 1579.)

Les baillis étaient gentilshommes (ordonnance de Moulins, article 21). Les ordonnances d'Orléans et de Blois confirmèrent, sur ce point, les mêmes dispositions. L'article 267 de l'ordonnance de Blois porte expressément que les baillis doivent être *nobles de nom et d'armes* et qu'en outre ils *aient servi dans les troupes de Sa Majesté*, de sorte que les simples anoblis, non plus que leurs descendants, ne pouvaient pas être pourvus de ces emplois. La volonté persévérante de nos rois fut qu'on exécutât ces anciennes ordonnances. En effet, par l'arrêt du conseil du 16 décembre 1759, Sa Majesté déclare qu'elle entend qu'il ne soit expédié des provisions pour les charges de baillis qu'à des gentilshommes de la qualité requise par les ordonnances de 1560 et de 1569, qu'elles ne puissent être scellées que sur l'agrément de l'un des secrétaires d'État. Cet arrêt du Conseil a été revêtu de lettres-patentes enregistrées en la Chambre des Comptes de Paris, le 12 janvier 1760. Pour être pourvu de ces offices, le candidat devait, aux termes des ordonnances, avoir au moins trente ans ; leur réception se faisait en la Grand' Chambre du Parlement. Les baillis siégeaient en habit et manteau noir, avec le collet et l'épée (1). Le bailli du Palais était un bailli royal, chef de la juridiction particulière de l'enclos du Palais-Royal à Paris, chargé, à ce titre, de connaître et juger toutes les affaires nées dans les cours, salles, galeries de son ressort ou dans lesquelles étaient intéressées des personnes, ayant leur habitation dans le Palais. L'appel de ces sentences se portait directement ou nûment, comme on disait alors au Parlement.

1. *Encyclopédie méthodique* (Jurisprudence). (Panckoucke, libraire, Hôtel de Thou, 1782.)

IV

LES BAILLIS DU PALAIS DU ROI (1).

Nos rois de France ont toujours eu, comme les empereurs romains, dont on les faisait les successeurs, des retraites et demeures préférées où ils séjournaient de préférence. Ces demeures royales (*Regia atria*, — voir la loi unique de *Palatiis et domibus dominicis*), établies dans les grandes cités, étaient soigneusement et somptueusement ornées. Ainsi, d'après les historiens, Clovis, premier roi chrétien, ayant esleu Paris pour sa demeure,

1. Mémoires de Pierre de Miraulmont, conseiller du Roy en la Chambre du Thrésor, sur l'*Origine et institution des Cours souveraines*. (Paris, 1854, Langelier.)

fit bastir un Palais, au lieu mesme où est aujourd'hui le Parlement, qui retient encore le nom de Palais-Royal, à cause de l'ancienne demeure de nos rois. En leur absence, la garde de ce domaine important était commise au concierge ou bailli du Palais, qui estoit toujours grand seigneur, personnage ayant crédit et autorité auprès du roy. Ainsi, on trouve que, en l'an 1412, madame Isabelle, reyne de France, en estoit, pour le roy, garde et concierge.

De cette fonction découlaient, pour ceux qui en étaient investis, de nombreux, importants priviléges et droits, savoir : Au palais dans le pourpris et appartenances d'iceluy, tout droict de justice, jurisdiction et seigneurie moienne et basse, en tous cas, excepté l'exécution des cas criminaux, pour losquels il convenoit faire exécution corporelle. Et lors estoit tenu le concierge ou ses officiers de rendre le malfaicteur tout jugé, s'il estoit lay, au prévost de Paris, dehors la porte du Palais, sur la chaussée, pour en faire l'exécution, retenant les meubles du malfaicteur, si aucuns estoient trouvéz chez lui, ou, s'il estoit clerc ou prestre, devoit estre le criminel rendu à l'official de Paris ou autres juges ordinaires, chargé de ses meffaicts, comme il fut confirmé par arrest du douzième mars mil cinq cens soixante deux. Outre le concierge, à cause de la conciergerie, est à la ruelle de l'Orberie, de la place Sainct-Michel et des lieux nommés vulgairement les Méreaux, assis à Nostre Dame des Champs, èsquels hostels que l'on dit estre en nombre de treize et à la maladrerie appellée la banlieue. Il a pareillement tout droict de justice, moienne et basse, et sur toute la chaussée (1), depuis la porte Sainct-Jacques jusques à ladite maladrerie. Il a, ou doit avoir, selon son ancienne institution, tout le proffit des bancs qui sont dans le Palais, et peut, et doit mettre au palais et ès-allées de la mercerie, en haut et en bas, tels merciers ou mercières, que bon luy semble. Et afin de le maintenir en cette possession et priviléges, furent décernées lettres aux gens des comptes, le douzième septembre

1. Rigord, médecin et historien de Philippe-Auguste, nous apprend que ce Roi fit paver Paris, jusqu'alors envahi par une boue pestilentielle. (1185, *Recueil des historiens des Gaules*, t. XXVII, p. 16.)

mil cincq cens trente-sept, par lesquelles il leur est mandé de faire jouir maistre Jean Bertereau, bailly du palais, des piliers de la grand' salle du Palais, comme ses prédécesseurs, messire Florimond Robertet et François de Montmorency. En septembre mil quatre cens octente-deux, le roy Louis onzième, ayant fait don à maistre Jean Cottier, son premier médecin, des offices de concierge et bailly du Palais, lui confia pareillement la geolerie, maisons, jardins, droits et devoirs d'iceux, et les bancs et estaux tant dedans la salle du Palais, que alentour d'iceluy. En novembre ensuivant, il confirma, en faveur d'iceluy Cottier, les droits, usages, franchises et libertez de la conciergerie et bailly du Palais à Paris.

Le bailly a la connoissance des contracts, marchez et promesses, faites au Palais et dans l'enclos d'iceluy, de tous crimes et délicts qui s'y commettent, soit d'injures, larcins, faussetez ou autrement. Consiste l'étendue de sa justice et juridiction au Palais et ès environs d'iceluy, sçavoir : jusques à la rivière de Seine (1), d'un costé

1. Bonnardot, *Dissertations archéologiques*

et d'autre ; et pardevant, depuis le ruissel ou goulet, qui est au bout du grand pont, ainsi que le Palais se comporte du costé d'iceluy, tant ès hostels comme ès environs, au dessous d'iceux, jusques à la rivière, pardevant Saint-Michel, et aussi en retournant en la rue de la Calande et ès hostels d'icelle rue, ainsi comme elle se comporte jusques en ladite ruelle, que l'on dit l'Orberie. Et descendent par icelle pardessus la rivière, tant comme il y a terre sèche, tout autour du Palais, ainsi qu'il se comporte du côté des Augustins : Et d'autre part, pardessus le Chastelet (1) de Paris jusques au grand pont et goulet, haut et bas. En ces lieux, le concierge a droit de police, spécialement dans l'enclos du palais, suivant l'arrest de neuvième décembre 1556, portant défenses au prévost de Paris es commissaires du Chastelet de n'entreprendre aucune chose, pour ce regard, sur le bailly du Palais.

sur les enceintes de Paris. — Gaillot, *Recherches sur la Cité*. — A. Franklin, *Rues de Paris au* XIIIme *siècle*.

1. *Le Châtelet de Paris.*

Pareillement il a le droit de sceller et de faire inventaire des biens des décédez audit enclos, comme il fut jugé, contre les gens des comptes, au profit de maistre Charles Poncet, lieutenant du bailly du Palais, par arrest donné en l'an 1571, pour raison du scellé fait sur les biens de maistre Martin Rousseau, chanoine de la Saincte Chapelle (1), tant par les gens des comptes que bailly du Palais. Et, sur le différend évoqué par le Roy et renvoyé en son conseil privé, par lettres du quatorzième octobre audict ou iceluy concierge, pour l'exercice de sa juridiction, une chambre dans la salle du Palais, joignant la chapelle de messieurs les Présidents, composée d'un lieutenant de toute ancienneté, et de deux conseillers ausquels fut porveu en conséquence de l'Édit du mois d'octobre 1571, d'un procureur du Roy, d'un greffier, huissier, quatre ordinaires et quatre extraordinaires. Avoit anciennement le concierge, ou son lieutenant, le droit de scel aux sentences et jugements, donnéz du bailliage, dont il fut privé le vii aoust 1572, par la

1. *La Sainte-Chapelle de Paris.*

provision qu'obtint de l'office de garde de scel, Nicolas Camus, notaire au Chastelet de Paris, qui fut receu, et mis en possession de l'office par monsieur de Thou (1), maîstre des requestes ordinaires, le xxj septembre ensuivant.

Outre ces officiers et justiciables de Bailly du Palais, sont encore le Parcheminier du Palais, à quoi pourvoit le Trésorier de la Saincte-Chapelle : le garde et maistre gouverneur de l'Orloge, le jardinier, garde des portes, le crieur et trompette, deux officiers du guet, soubsguet, contreguet, garde de la porte, et la guette du Palais. Sont tous ces officiers receuz et mis en possession de leurs offices, par le concierge ou son lieutenant. La justice d'iceluy concierge est des premières et plus anciennes du Palais : et avoit anciennement ce privilége, dans l'enclos d'iceluy, que nul de quelque estat et condition qu'il fust, pouvoit tenir cour ne juridiction tem-

1. De l'illustre famille des de Thou, célèbre dans la magistrature non moins que dans le barreau. On caractérisait, sous Henri IV, le talent de Christophe de Thou, par ces mots : *pauca multis*.

porelle au Palais, sans le congé de luy ou de sa justice, excepté la Cour du Parlement, ceux des Comptes, et Requestes du Palais, comme portent. (Voir *les lettres de confirmation, des droits et priviléges d'iceluy concierge, par le Roy Charles cinquième, de l'an mil trois cent cinquante-huit, contenans ample déclaration des priviléges et prérogatives de concierge.*) Outre la connaissance ordinaire, qui lui est de tout temps attribuée, il y en a une autre extraordinaire qui lui est baillée de la Cour et consiste principalement dans les renvois de procès, sur les débats et différends de juridictions.

V

RELEVÉ DES REGISTRES DU BAILLIAGE DU PALAIS, A PARIS.

30 janvier 1416. — Réunion de la Conciergerie au domaine du Roy.

4 janv. 1515. — Anthoine Moreau, procureur, a été mis en possession d'un banc en la grand'salle du Palais.

Décembre 1515. — Guillaume est mis en possession d'un banc.

15 mars 1545. — Deffenses aux huissiers du Châtelet d'exploiter dans le territoire du Bailliage.

Compte rendu par l'exécuteur testamentaire de défunt Robert Gaulon par-devant

M. cy devant lieutenant général au bailliage de Palais, le 20 décembre 1563.

13 juin 1567. — Suppression de la justice de faubourg St-Jacques, qui est réunie au bailliage du Palais, 3 octobre 1569. Actes portant reglement entre le seigneur de la ville et faux bourgs de Paris et les notaires du Chastelet (en faveur de ces derniers).

30 mars 1595. — Le Bailly du pallais, Christophe de Harlay, cède et donne à M. Jacques Le Royer la moitié d'un banc, dans la grand'salle du Palais.

8 janvier 1604. — Arrest du Parlement, portant reglement entre les officiers du Bailliage du Palais et les notaires du Chastelet (1).

Banc donné à un avocat par le Bailli du Palais. (Avril 1620.)

(C. Mathieu Molé, bailli.)

Mémoires sur la police du Palais. *(Projet.)* Annoté par ***.

Droit de Bailly du Pallais de dispo-

---

1. Accident merveilleux et épouvantable du désastre, arrivé le 7 mars 1718, d'un feu qui a consumé tout le Palais.

ser des bancs qui y sont. 11 juin 1627.
(H. de Rohan, bailli.)

Reglement pour les boutiques de la salle du Pallais. (4 mars 1630.)

13 octobre 1650. — Concession par le Bailli du Palais d'un banc à Girault, notaire royal, dans la grand'salle du Palais. (13 octobre 1650.)

Le 30 janvier 1665. — Entre Jeanne Letourneur femme autorisée par justice au reffus de M. Gilles Bigot, secrétaire du Roy, demanderesse, et le lieutenant général de Bailliage du Palais, arrêt qui reçoit la demanderesse appelante, « ordonne son transférement de l'Hôpital-Général aux prisons de la Conciergerie du Pallais soubs bonne et seure garde, pour ensuite être le procès faict et parfait par le Bailli du Pallais » et met les parties hors de Cour.

Du 19 fevrier 1665. — Décidé de même à propos d'une autre maison située également rue de la Callande ayant pour enseigne la fleur de Lys (1).

---

1. Avec Catherine de Médicis arrivant d'Italie, augmentèrent les appellations de saints et

6 mars 1665. — Arrest de reglement pour les officiers du Bailliage contre les officiers du Châtelet, par lequel il est jugé que les officiers du Châtelet n'ont aucune prévention ny concurrence sur les officiers du Bailliage du Palais, et qu'ils sont égaux en juridiction et pouvoir chacun dans leur estendue, et que le sceau du Châtelet n'est attributif de juridiction contre et sur les officiers du Bailliage du Palais : et que les notaires du Châtelet sont pareillement notaires audit Bailliage : et pour avoir été procédé et prononcé par le sieur lieutenant civil sur une contestation entre justiciables du Bailliage du Palais, il a été dit mal, nullement et incompétemment procédé, prononcé et exécuté. (*Extrait des registres du Parlement de Paris.*)

Entre Marie Pardessus et Mathieu Breteau son mari. — Séparation de corps.

de saintes. — Les propriétaires de boutiques, de cabarets, d'hôtelleries, adoptèrent les enseignes de Saint-Antoine, de Saint-Martin, de Saint-Romain, de Saint-Simon, de la Croix d'Or, de l'Ecu de France, du Cygne de la Croix, de Saint-Michel, de Saint-Louis. Aujourd'hui, les enseignes doivent être soumises à l'administration.

Les parties demeuroient de dans le faux bourg Saint-Jacques qui dépendoit constamment de la juridiction du bailliage du Palais. *(A. G. Talon.)*

Arrêt du Parlement qui confirme la juridiction des officiers du Bailliage du Palais, pour l'exécution des contrats passés sous le scel du Palais.

Décembre 1666. — Ordonnances concernant :

1° Le nettoyement des rues.

2° Défendant toute fabrique, débit, port et usage de pistolets de poche, soit à fusil ou à rouet, bayonnettes, poignards, couteaux en forme de poignards, dagues, épées en bâtons, et bâtons à ferrement autres que ceux qui sont ferrés par le bout, à peine de confiscation, de 500 l. d'amende, de privation temporelle ou perpétuelle de la maîtrise, et des galères contre ceux qui les fabriqueroient, débiteroient, porteroient. Moitié des 500 livres d'amende étoit attribuée aux dénonciateurs.

3° Ordonnant que les nommés vulgairement *bohémiens ou égyptiens* et autres de leur bande et suitte, soient arrêtés prisonniers, attachés à la chaîne et conduits en nos galères (1) pour y servir comme forçats sans autre forme ny figure de procès ; et à l'égard des femmes et filles qui les accompagnent et vaguent avec eux, qu'elles soient fouëttées, flétries et bannies hors de nostre royaume, et que ce qui sera ordonné à cet égard, par les officiers de police, soit exécuté comme jugement rendu en dernier ressort.

Enjoignant aux officiers de police de faire arrêter tous vagabonds, filoux et gens sans aveu, auxquels ils feront le procès en dernier ressort.

« Seront déclarez gens vagabons et gens
« sans aveu, ceux qui n'auront aucune
« profession ny mestier, ni aucuns biens,
« pour subsister, qui ne pourront faire cer-
« tifier de leurs bonnes vie et mœurs, par
« personnes de probité, connues et dignes
« de foy et qui soient de profession hon-
« neste. »

Prescrivant la fermeture des cabarets et lieux où l'on vend la bière à pot, dès 6 heures du soir, depuis la fête de la Tous-

---

1. *Pénalités des anciennes justices.* (Plon, éditeur, Paris.)

saint, et à 9 heures depuis Pasques, à peine de 100 livres d'amende contre les contrevenants, et de 200 livres et du carcan, en cas de récidive.

Ordonnant « que la police générale soit
« faite par les officiers ordinaires du Chas-
« telet en tous les lieux prétendus privilé-
« giés, ainsi que dans les autres quartiers de
« la ville, sans aucune différence ni distinc-
« tion, et qu'à cet effet, le libre accès leur y
« soit donné ; et à l'égard de la police parti-
« culière elle sera faite par les officiers qui
« auront prévenu, et en cas de concur-
« rence, la préférence appartiendra au
« prévost de Paris. »

Enjoignant à tous compagnons (1) chirurgiens qui travaillent en chambre, de se retirer incessamment chez les maistres, à peine de confiscation de leurs outils de chirurgie et de cent livres d'amende pour la première fois, et en cas de récidive, de bannissement. Prescrivant aux maîtres chirurgiens de tenir boutiques ouvertes, à peine de 200 livres d'amende pour la première fois et en cas de récidive inter-

1. *Pénalités anciennes.*

diction de la maîtrise pendant un an, et pour la troisième, de privation de leur maîtrise. Ordonnant de déclarer au commissaire du quartier (1) les blessés qu'ils auront chez eux ou ailleurs, sous les mêmes peines que dessus. Mêmes mesures à l'égard des hôpitaux (2).

11 décembre 1666. — Arrêt du Parlement ordonnant l'enregistrement de l'édit de décembre 1666, touchant le nettoyement des rues (3), les ports d'armes prohibées, à sa charge néanmoins que pour connaître la garde des armes défendües, la recherche ne pourra être faite dans la maison des particuliers bourgeois, non ouvriers, que en vertu de la permission du juge ordinaire et qu'il sera procédé extraordinairement comme contre vagabonds et gens sans aveu, contre ceux lesquels ayant esté une fois condamnez et ayant tenu prison, pendant six mois, pour n'avoir pu payer

1. *Curiosités des anciennes justices.*
2. *Le Châtelet de Paris.*
3. 1521. Sentence des Echevins de Paris, pour l'amélioration des fontaines publiques, rues de la Barre, du Becq, de la Verrerie et Neuve-St-Merri.

l'amende, seront surpris en récidive. Qu'à l'égard des chirurgiens, il en sera usé suivant les anciennes ordonnances ; et qu'à l'égard de la police, la concurrence, ny la prévention n'aura lieu dans l'étendue de la juridiction du bailliage du Palais.

28 décembre 1666. — Arrêt relatif aux bruits et désordres commis par un clerc du palais.

15 mars 1667. — Édit du Roy, portant création d'un lieutenant de police en la ville, prévosté et vicomté de Paris. (Vérifié au Parlement au mois de mars 1667.)

31 août 1667. — Arrêt ordonnant d'informer sur les divertissements faits par Boullard et Pineau, des registres et deniers des consignations des amendes de la Table de marbre.

9 novembre 1667. — Règlement pour les enseignes de la salle du Palais.

1er août 1668. — Règlement général pour les boutiques, comptoirs et enseignes de la salle Dauphine.

20 février 1671. — Arrêt de renvoi devant le bailli du Palais.

23 février 1671. — Déclaration du Roy portant aliénation de 1549 toises de terrain, contenues dans l'ancien jardin de l'hostel de bailliage du Palais, reste d'ancienne closture, au profit de monsieur le premier président de Lamoignon.

3 mars 1671. — Lettres patentes contenant don par le roi à M. de Lamoignon d'un terrain sis près du bailliage du Palais, et arrêt d'enregistrement.

18 juillet 1671. — Procès criminel pour M. le lieutenant du Roy contre Autié Rescroix.

Juin 1673. — Lettre de rémission à Antoine Philippe, tambour public, pour le meurtre de Nicolas Bourreau.

17 décembre 1676. — Procès criminel pour le Procureur du Roy contre Pierre Buquet et Jean de Liénard.

En 1674 on lit sur le papier timbré :

Pour copie de pièce imprimée, huit décimes par demi-feuille.

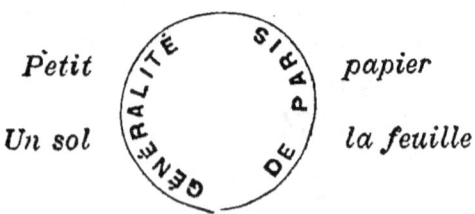

Petit papier

Un sol la feuille

Février 1674. — Édit du Roy portant

création d'un (1) nouveau Chastelet en la ville de Paris. (Registré 12 mars 1674.)

20 mars 1674. — Règlement pour les boutiques du Palais, galerie des merciers.

18 avril 1674. — Arrêt du Conseil d'Estat portant règlement pour l'ancien et le nouveau Chastelet.

Août 1674. — Déclaration du Roy portant règlement pour le partage des deux Chastelets. (Registré 27 aoust 1674.)

12 décembre 1674. — Requête afin de réception de M. Hourlier à la charge de lieutenant général du bailliage du Palais.

28 mars 1675. — Nomination de Claude Hourlier, ancien lieutenant particulier au Chastelet, à la fonction de lieutenant général au bailliage de Paris. Sa réception et serment.

17 mars 1676. — Arrêt du Conseil d'Etat renvoyant devant le Bailly du Palais.

6 avril 1677. — Arrêt de renvoi devant le Bailly du Palais.

20 juillet 1678. — Règlement entre les massons du Palais et le Procureur du Roy au Chastelet.

---

1. *Le Châtelet de Paris.*

26 janvier 1679. — Arrêt de renvoi devant le Bailly du Palais.

15 décembre 1679. — Arrêt de renvoi devant le Bailly du Palais.

1er avril 1681. — Commission pour François Dubois, huissier.

21 juillet 1681.— Arrêt ordonnant d'informer sur un vol commis à l'audience.

22 juillet. — Arrêt qui ordonne le renvoi devant le Bailly du Palais.

4 mars 1683. — Arrêt du Conseil entre le trésorier de la Sainte-Chapelle et les chantres et chanoines de ladite Sainte-Chapelle.

Le trésorier ne pourra conférer des chapelles, dont la collation luy appartient, qu'à personnes de la Sainte-Chapelle, conformément aux chartes précédentes.

3 septembre 1683. — Alignement pour les boutiques du Palais.

4 octobre 1685. — Nomination de Claude Hourlier aux fonctions de lieutenant général du bailliage de l'enclos du Palais. (Enregistré, le 4 octobre 1685.)

19 janvier 1691.— Arrêt faisant défense à autres qu'aux maîtres-colporteurs reçus de vendre dans l'enclos du Palais (confor-

mément aux Edits, Déclarations et Arrests, etc.).

25 avril 1692. — Arrêt de renvoi du Bailly du Palais.

16 juin 1692. — Lettres en faveur des payeurs des gages du Parlement ; ils ont le droit d'être et de se dire du corps de la Cour (1).

7 février 1693. — Arrêt qui nomme un portier, pour ouvrir et fermer les portes du Palais *(François Capot)*, et dit qu'il recevra cinq cents livres par an, tant pour ses gages et salaires que pour son logement qu'il devra prendre près la porte de la Cour neuve.

11 janvier 1698. — Arrêt relatif aux mesures de propreté à prendre au Palais (2).

1. Comme on le pourrait aujourd'hui dire de Maître Gorgeu, le vénérable greffier à la Cour d'appel de Paris, chargé de l'office de payeur.
2. On se préoccupait, tant pour la perception de l'impôt que pour la salubrité, de vérifier les liquides et viandes :
30 décembre 1620. — Arrêt du Conseil d'Etat qui enjoint aux marchands de vin, facteurs et commissionnaires, qui font arriver des vins à Paris, d'en faire la déclaration au vray, aux bureaux destinés pour recevoir les droits d'entrée,

6 février 1698. — Arrêt défendant aux Clercs de porter l'épée.

3 février 1699. — Arrêt de la Cour contre les vagabonds (1).

10 février 1699.— Déclaration du Roy, touchant les mendiants.

1er juin 1699. — Certificat de greffier en chef, attestant que la police a toujours été faite par les officiers du bailliage, dans

de la quantité des vins et du lieu où ils doivent être encavés.

13 juillet 1728.— Arrêt du Conseil d'Etat qui ordonne l'exécution des règlements sur le fait des magasins et entrepôts, fait défense d'en faire aucun, dans les huit lieues, près Paris, à peine de confiscation.

20 janvier 1742. — Ordonnance du lieutenant général de Police prescrivant que, dans la première quinzaine de Carême de la présente année, les marchands bouchers de Paris seront tenus de faire la conversion des laissez-passer à eux délivrés.

18 août 1786. — Ordonnance de M. l'Intendant de la généralité de Paris qui condamne Jean Boisseau, reçu maître-boucher, et résident à Courgis, à la confiscation des viandes sur lui saisies.

1. *Les Pénalités anciennes.*

l'étendue du territoire de la juridiction, ainsi qu'il apparaît par les registres.

(Signé : *Gaudin*.)

2 février 1701.— Alignement des salles du Palais.

14 avril 1701. — Arrêt d'informer.

26 octobre 1702. — Arrêt défendant aux huissiers et seigneurs du Châtelet d'exploiter, ni faire aucune signification, dans les cours neuves ou anciennes et enceinte du Palais.

11 décembre 1702. — Déclaration de Gaudin, greffier, fixant l'étendue de bailliage du Palais, avant la création du nouveau Chastelet (1), par l'Edit de mois d'avril 1674.

22 septembre 1703. — Arrêt portant defenses d'uriner ou faire des ordures le long du mur de la Chambre des Comptes, ni contre ceux du jardin de l'hostel du bailliage du Palais, ni d'y porter aucuns immondices.

3 septembre 1711. — Arrêt pour le bailliage du Palais contre les trésoriers de France.

1. *Le Châtelet de Paris*.

9 décembre 1711. — Arrêt confirmant le jugement qui avait condamné Jeanne Leloup à être battue et fustigée — nuë — de verges, pour avoir été suspectée et convaincue d'avoir fouillé dans les poches du sieur Charles Pein, dans la Grand'Salle du Palais. (Voir aussi Mémoire pour Mlle Lebrun contre Mme Martin, lingère au Palais, à propos d'un vol fait dans sa boutique.)

14 décembre 1710. — Extraits d'une délibération en forme de règlement général, fait et arrêté pour la communauté des huissiers ordinaires des requêtes de l'hostel du Roy.

25 juin 1704. — Arrêt du Parlement contre les officiers de la Chambre du domaine, pour raison d'une rixe.

26 juin 1704. — Sentence portant défense de jeter des ordures par les fenêtres de la Galerie neuve.

12 août 1704. — Sentence portant défense aux commissaires de la voirie de la ville et faugbourgs de s'immiscer au fait de la voirie du bailliage à peine de dépens, dommages, intérêts.

20 janvier 1711. — Rôle des taxes faites

par Nicolas Delamare (1), commissaire au Chastelet..., pour subvenir à l'entretien d'une garde et de trois lanternes et chandelles (2), pendant le cours de l'esté, et autres nécessités des salles.

Monsieur Belot, bailly d'épée au bailliage du Palais, prétend que la buvette de ce bailliage lui appartient : il se fonde sur un titre de l'année 1537, qu'il a trouvé, dit-il, à la Chambre des Comptes, et qu'il n'a point encore montré : mais, sans voir ce titre, on peut prendre droit par sa date, pour détruire cette prétention (Mémoire présenté en 1719).

1. Delamare, commissaire de police, a laissé un précieux *Traité sur la Police* et des manuscrits, qui sont à la Bibliothèque nationale de Paris.

2. En 1785, M. Crosne, lieutenant de police, fit placer des lanternes de couleur rouge à la porte des commissaires de police, afin, disait l'ordonnance rendue à cet effet, que, pendant la nuit, on pût recourir facilement à ces officiers publics. Cette utile mesure fut saluée par l'épigramme suivante :

> Le commissaire Baliverne,
> Aux dépens de qui chacun rit,
> N'a de brillant que sa lanterne,
> Et de terne que son esprit.

La buvette du bailliage du Palais n'a été bâtie qu'en l'année 1684, 137 années après le prétendu titre de 1537.

Par un acte du 9 janvier 1674, passé devant Rollu et Mousnier, les notaires au Chastelet de Paris, les officiers du bailliage du Palais permirent à François Gaumont de faire construire à ses frais un étage au-dessus de leur Chambre du conseil, pour en jouir, ainsi que le concierge du Palais et buvetiers des Chambres, pendant 25 ans seulement. Après lequel temps, il est dit que ladite construction et estage demeurera et appartiendra audit bailliage du Palais : c'est la même chose que s'ils avoient fait bastir eux-mêmes cette buvette.

Cet estage fut basti et fini au mois de mars 1674. François Gaumont et sa femme en ont joui, et ils y ont tenu buvette, pendant les 25 années convenues.

Par un contrat du 9 mai 1674, passé devant Dupuy et de la Mothe, notaires au Chastelet, Gaumont et sa femme ont emprunté à constitution de rente de M° Belœille, boulanger à Paris, pour payer cette construction.

Edit portant règlement entre les officiers

du Chastelet de Paris et ceux du bailliage du Palais (1), octobre 1712.

Ordonnance du 16 février 1776, qui fait défenses aux domestiques et autres particuliers de s'attrouper dans la salle du Palais, pour y jouer aux cartes ou aux dés, sous peine de confiscation de l'acquit qui sera sur jeu, et sous telle autre peine qu'il appartiendra (2).

Donné par Marie-Nicolas Pigeon, avocat au Parlement, conseiller du Roy, lieutenant général au bailliage du Palais, le 16 février 1776.

Ordonnance du 20 mars 1776, concernant les précautions à prendre pour éviter le feu dans les cheminées.

Une autre, sans date, sur le même objet,

---

1. Explication des cérémonies qui se font tous les ans, le 6 décembre, à la Saint-Nicolas, en la grand' salle du Palais, à Paris, 1752. — Boucher d'Argis, *Variétés historiques*, t. III.

2. Mémoire justificatif des *Services et du zèle du sieur Martin*, buvetier du Palais, pour la conservation du Palais de Justice, lors de l'incendie de 1776. — (Voir la *Sainte-Chapelle du Palais* (Préface). — A. Monteil, réédité par l'érudit Charles Louandre.)

ordonne de faire ramoner et réparer les cheminées, prescrit de ne pas entrer dans les écuries avec pipes allumées ou lumières autres qu'enfermées dans des lanternes closes.

VI

LA RÉVOLUTION VA RENVERSER LE BAILLIAGE DU PALAIS ET LES INSTITUTIONS DU PASSÉ.

C'EST donc une révolte? demandait Louis XVI.
— Sire, lui répondit le duc de Liancourt, c'est une révolution.

Bientôt la Monarchie (1), les Parlements (2), les priviléges s'écroulent. Plus de *Committimus*, toutes les parties plaident en même forme, riches comme pauvres sont soumis au préliminaire de conciliation (loi du 16 août 1790).

1. Minier, *Histoire du Droit Français*, p. 715.
2. Le 3 novembre 1789, l'Assemblée nationale déclarait tous les parlements et justices en vacances indéfinies.

L'avocat et l'homme de loi sont mis en suspicion. On s'inspirait de Voltaire, écrivant dans sa lettre de 1745 : « Si les « parties arrivent avec un défenseur et un « procureur, on fait d'abord retirer ces « derniers, comme on ôte le bois d'un feu « qu'on veut éteindre. »

L'Assemblée nationale ne conserva plus que deux degrés de juridiction; et au sommet de la hiérarchie judiciaire, la Cour de cassation, instituée comme gardienne des principes de la loi et de l'uniformité dans la législation.

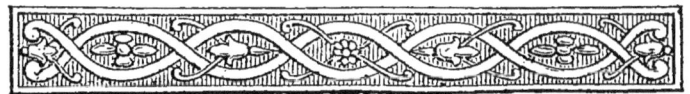

VII

ICONOGRAPHIE DU PALAIS DE JUSTICE DE PARIS (1).

Le Palais de la Cité, demeure des Rois jusqu'à Philippe IV le Bel, qui y établit le Parlement en 1286.

Prospect du Pallatz-Royal en Paris.

Représentation du Palais-Royal en la Cité.

Représentation du Palais-Royal en la Cité, gravé par *Boissus*.

Vue de la démolition d'une partie du Palais de Justice, après l'incendie de 1777 (*lithographie de Lenglumé*).

1. *Bibliothèque nationale de Paris.* (Département des Estampes.—Topographie de la France, Paris.)

L'arrivée du Roi en son Palais de Justice, gravée par *Rausamielle*.

Perspective du Palais de Justice, élevé sous le règne de Louis XVI, côté de la Cour du May, sous la conduite de l'architecte Desmaisons; gravée par *les frères Varin*, 1782.

Vue du Palais de Justice de Paris, prise en face de la grille, gravée par *Janinet*.

Le maire de Paris allant poser les scellés sur les papiers du Parlement (novembre 1790). Gravé par *Berthault*.

Le Palais de Justice, gravé par *Guyot*, chez *Campion frères*, rue Saint-Jacques.

Vue du Palais de Justice, vue prise de la rue de la Vieille-Draperie, gravée par *Guignet*.

Palais de Justice, gravé par *Laudon*.

Vue du Palais de Justice, chez *Guety*, rue Saint-Jacques, 33.

Palais de Justice, *Salathé*.

Id., *lithographie de Villain*.

Id., *lithographie de Delpech*.

A Londres, par *Gambart*.

Palais de Justice et Sainte-Chapelle, chez *Rivière*.

Asselineau. *La France de nos jours*.

Photographie Collin, 1863.
Baldus, 1864.
Gueuven, 1863.

Vue intérieure de la grande salle du Palais de Justice de Paris, gravée par *Janinet*.

La salle des Pas-Perdus. *Lith. Noël.*

Grand'salle des Pas-Perdus. *(Paris et ses souvenirs, lithographie Arnault.)*

Vue prise dans la salle des Pas-Perdus. *(Lithographie Lenglumé.)*

Plan géométral de la Grand'Chambre, Louis XIV y tenant son lit de Justice, le jeudi 12 septembre 1715. *De Pailly*, rue Saint-Jacques.

Lit de Justice du 19 novembre 1787 par Louis XVI. Gravé par *Nicquet*.

Fouquier-Tinville jugé par le Tribunal révolutionnaire, le 12 floréal an III. Gravé par *Berthault*.

Les galeries du Palais, gravé par *Leblond*.

La grille du Palais Marchand, terminée d'après le dessin de M. Antoine, architecte du Roi.

Restauration de la partie principale de la grille du Palais de Justice, terminée en 1828, par M. Peyre.

Grille. *Lithographie Boucher*, 33, rue de Seine.

Grille, gravée par *de Garrou*. (*Revue d'architecture*, par Daly.)

Portes latérales de la salle des Pas-Perdus, gravées par *Borde*.

Tour de l'horloge du Palais. *Lith. de Delpech*.

Conciergerie. (*Villem*, rue de Sèvres.)

Id. *Lithographie Derutz*, 1831.

Cachot de la Reine. *Lith.*

Palais de Justice. *Bruyère*, 1872.

Consulter aussi : *Documents relatifs aux travaux du Palais de Justice de Paris*, 1858. — *Rapport sur la ventilation du Palais de Justice de Paris*, par le général Morin, de l'Institut. (Paris, 1860.)

VIII

OUVRAGES IMPRIMÉS ET MANUSCRITS A CONSULTER SUR LES ANCIENNES JURIDICTIONS DE LA FRANCE.

Lhermite Soulier. *Eloges des premiers Présidents du Parlement de Paris* (1645).

L'Hospital, sa Vie et ses Œuvres, par Dufëy (1824).

D'Aguesseau, par M. le président Falconnet (2 vol.).

Mérilhou. *Les Parlements de France* (1863).

Edits et remontrances du Parlement Maupeou (1766-1771).

Pillot. *Histoire du Parlement de Flandre* (1849).

Pillot et de Nuyremond. *Histoire du Conseil souverain d'Alsace* (1860, in-8).

De Ribbe. *L'Ancien Parlement de Provence* (Aix, 1862).

Robert Barbier. *Mémoire sur les familles du Parlement* (in-8).

Rodier. *Questions sur l'ordonnance de 1667* (Toulouse, 1769).

Rodière. *Les grands jurisconsultes* (1873).

Fournel. *Histoire des avocats du Parlement de Paris* (1813, 2 volumes).

Fréminville. *Traité de l'organisation des Cours d'appel* (1848, 2 vol.).

Géraud. *Paris sous Philippe le Bel* (la Taille, 1292).

Gibert. *Institutions ecclésiastiques* (Paris, 1720).

Trésor des harangues faites aux entrées des Rois et Reines (1668, 2 vol).

Labat. *Hôtel de la Préfecture de police* (1844).

La Roche-Flavin. *Histoire des treize Parlements de France* (Bordeaux, 1717).

Le Laboureur. *Histoire de la Pairie et des Parlements de Paris* (Londres, 1753).

Lemaire. *Mémoires sur la police de*

France, rédigés par ordre de M. de Sartine.

Babeau. *Le Parlement de Paris*, à Troyes, en 1787, in-12 (1873).

Bardel. *Recueil d'arrêts du Parlement de Paris* (1773).

Casenave, conseiller à la Cour de cassation. *Etude sur les Tribunaux* (de 1789 à 1790).

De Volant. *Recueil d'arrêts du Parlement de Bretagne* (1722).

D'Eyraud. *De l'Administration de la Justice en France* (1825, in-8°).

D'Orléans. *Les Ouvertures des Parlements faites par les Rois* (Lyon, 1660, in-12).

Dupin aîné. *Manuel du Droit public ecclésiastique.*

Floquet. *Histoire du Parlement de Rouen* (1840).

Fabre. *Etude historique sur les Clercs de la Basoche.*

De Beaufort. *Recueil concernant le tribunal de nos seigneurs les Maréchaux de France* (1784).

Les Procureurs (Cologne, 1757).

Edit du Roi sur les Greffiers du Parlement, vérifié, le 23 mars 1673.

Boucher d'Argis. *De la communauté des Avocats et Procureurs au Parlement de Paris* (1752).

Pinson de la Martinière. *Les Connétables et Maréchaux de France* (Paris, 1661).

H. Raisson. *Chronique du Palais de Justice* (1832).

Amédée de Bast. *Les Galeries du Palais de Justice.*

Allou, bâtonnier de l'Ordre des Avocats de Paris. — *Lettre sur la reconstruction du Palais de Justice de Paris* (1871).

Ed. Boutaric. *Recherches sur le Palais de Justice de Paris* (1862).

Sauvan et Schmidt. *Histoire et description du Palais de Justice de Paris* (1825).

Rittiez. *Histoire du Palais de Justice de Paris.*

Boucher d'Argis. *Du haut et puissant Empire de Galilée* (1752).

Simon Denis. *Nouvelle Bibliothèque des principaux auteurs du Droit civil canonique* (1692, in-8°).

Minier. *Précis historique du Droit Français.*

Charles Sapey. *Etudes sur l'ancienne Magistrature* (Duvair, garde des sceaux).

Tessereau. *Histoire de la grande Chancellerie de France* (1710, 2 vol.).

Trolley. *Hiérarchie administrative* (1844).

Warée. *Curiosités judiciaires* (Paris, 1858).

Ambroise Rendu. *Les Avocats d'autrefois* (Paris, 1873).

De Fresquet. *Précis d'histoire des sources du Droit Français*.

Pierre de Miraulmont. *Le Parlement et les autres Juridictions encloses dans l'enceinte du Palais Royal de Paris* (1584), chez L'Angelier, au 1er pilier de la Grand'-Salle du Palais.

Le Châtelet de Paris (Didier, éditeur, à Paris).

Le Parlement de Paris (Cosse, éditeur, 1860).

Agénor Bardoux, avocat et député. *Les Légistes au* XVIme *et au* XVIIme *siècles* (1856-1858). — *De l'Influence des Légistes au Moyen-Age* (1869). — *Les grands Baillis au* XVme *siècle* (1863).

De Rozière (Eug.), de l'Institut. *Recueil*

des *Formules inédites* (1853-1859, 3 vol. in-8°).

Beaune. *Traité de la Chambre des Comptes de Paris* (1647).

Dubarle. *L'Université de Paris.*

De Boislisle, lauréat de l'Institut. *La Chambre des Comptes,* d'après les archives de la famille de Nicolaï (Imprimé à Nogent-le-Rotrou, 1873).

Mlle Denys. *Armorial de la Chambre des Comptes* (Paris, 1761).

Abot de Bazinghem. *Traité des Monnaies et de la Cour des Monnaies* (Paris, 1764).

Manuscrits :

Archives nationales de la rue du Chaume, à Paris (Section judiciaire : Bailliage du Palais) : *Titres relatifs à cette juridiction* (1319, 1770), n° 23,338. — *Audiences et procédures.* — *Maîtrises et jurandes.*—*Maréchaux du Palais, Criées et insinuations* (1612, 1782).

Le Palais de Justice de Paris. — Les Parlements de France. — Le Châtelet de Paris. — Les diverses Juridictions.

TABLE DES MATIÈRES

	Pages.
PRÉFACE.	1
CHAPITRE I. Juridictions renfermées dans l'ancien Palais Royal ou Palais de Justice de Paris.	11
CHAPITRE II. Le Palais de Justice de Paris. — Sa fondation. — Incendies. — La Grand'Chambre du Palais. — Le Tribunal révolutionnaire. — Les Architectes du Palais de Justice. — La Salle des Pas-Perdus.— Le Petit Parquet.	17
CHAPITRE III. Le Bailliage du Palais. — Son personnel.	37
CHAPITRE IV. Les Baillis du Palais du Roi. — Leurs fonctions, leurs priviléges, leur juridiction.	41
CHAPITRE V. Relevé des registres du Bailliage du Palais.	49
CHAPITRE VI. La Révolution judiciaire.	69
CHAPITRE VII. Iconographie du Palais de Justice.	71
CHAPITRE VIII. Bibliographie (Imprimés et Manuscrits).	75

ACHEVÉ D'IMPRIMER

Sur les presses de MOTTEROZ

TYPOGRAPHE A PARIS

Le 15 Décembre 1874

Pour Léon WILLEM, Libraire

A PARIS

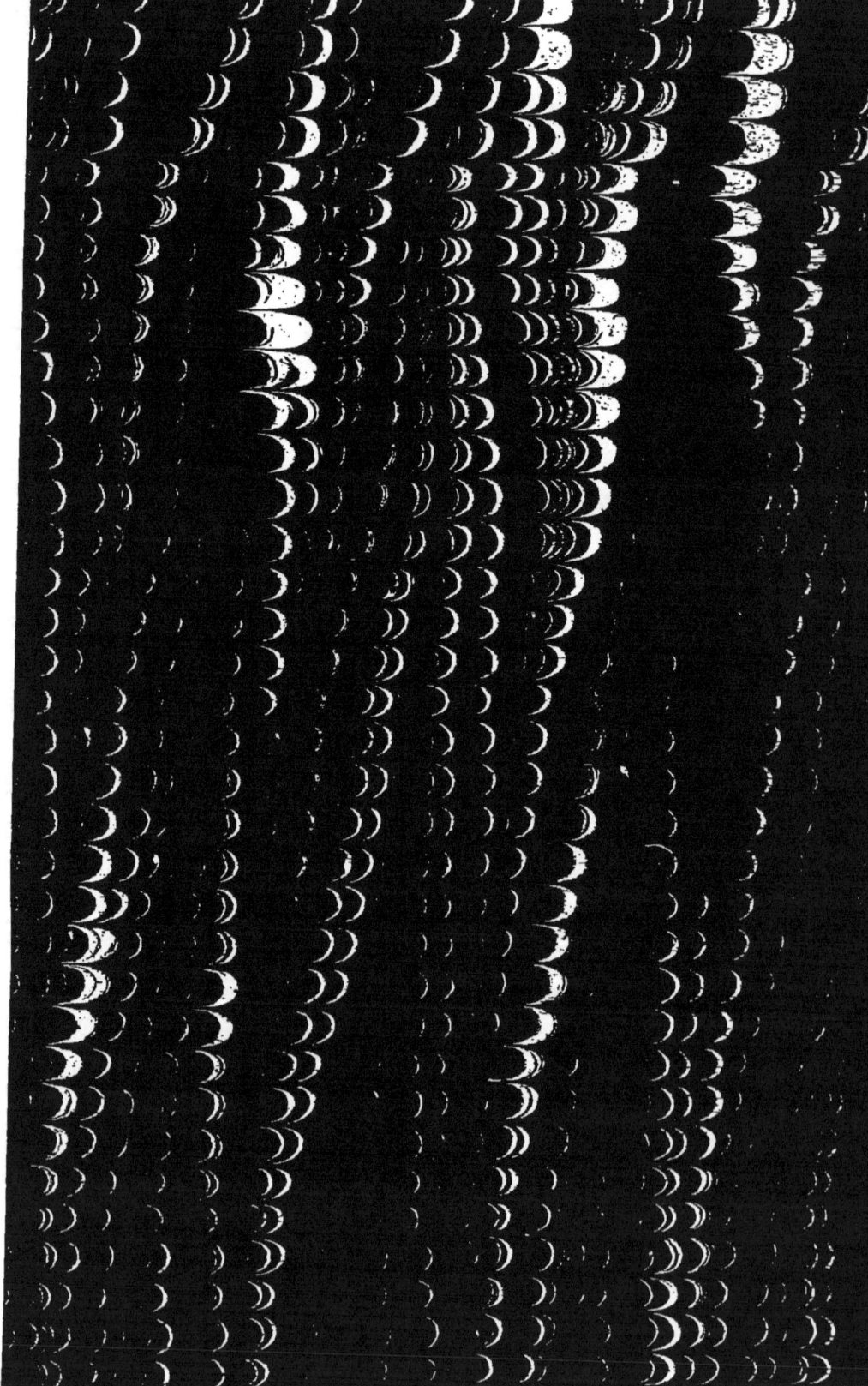